La Fête
des Morts

SUR LE CHAMP DE BATAILLE DE LA MARNE

AUTOUR DE MEAUX

L'ÉGLISE DE BARCY-LÈS-MEAUX

MEAUX
IMPRIMERIE-LIBRAIRIE G. LEPILLET
Place de la Cathédrale

2 NOVEMBRE 1914

La Fête des Morts

SUR LE CHAMP DE BATAILLE DE LA MARNE

AUTOUR DE MEAUX

L'ÉGLISE DE BARCY-LÈS-MEAUX

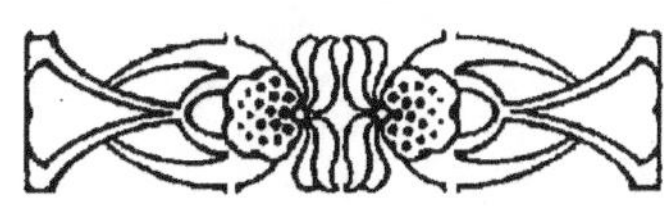

MEAUX
IMPRIMERIE-LIBRAIRIE G. LEPILLET
Place de la Cathédrale

LA FÊTE DES MORTS

Sur le Champ de bataille de la Marne

AUTOUR DE MEAUX

2 Novembre 1914

Le jour des Morts qui fut cette année une solennité patriotique autant que religieuse. n'a sans doute été célébré nulle part d'une manière plus touchante que dans la région de Meaux.

L'immense plateau qui domine la ville de l'est à l'ouest ne marque pas seulement la pointe extrême de l'invasion allemande sur Paris, il rappelle surtout le point *de départ* de l'offensive vigoureuse qui devait aboutir à la grande victoire de la Marne.

Les noms de Charny, Villeroy, Chauconin, Neufmontiers, Penchard, Iverny, Crégy, Chambry, Monthyon, Le Plessis-l'Evêque, Montgé, Forfry, St-Soupplets, Barcy-les-Meaux, Etrépilly, Trocy, Varreddes, et, en contournant Meaux, Lizy-s^r-Ourcq, Mary-s^r-Marne, Germigny-l'Evêque, Trilport, Montceaux, Brinches, Fublaines, sont désormais célèbres. C'est de tous les héroïsmes dont ces petits villages furent témoins que fut faite la victoire de Meaux, épisode fragmentaire de la bataille de la Marne, dont la ville de Meaux fut le centre, comme le village de Barcy-les-Meaux en fut le cœur.

A ce titre, ce coin de terre doit être doublement cher à la France, et les tombes des premiers soldats qui ont péri dans le mouvement offensif qui conduisit nos drapeaux à leur première victoire doivent être l'objet d'un culte impérissable.

La fête du 2 novembre 1914 fut l'affirmation solennelle

de cette religion du souvenir qui survivra, nous en avons la ferme confiance, aux terribles évènements de l'année *glorieuse*, et qui fera des principaux points de la bataille du 5 au 9 septembre autant de centres de pèlerinages dont les souvenirs seront l'orgueil et la leçon des générations futures.

Nous avons voulu conserver ici la mémoire de cette première manifestation qui réunit dans un même sentiment de religieuse espérance et de patriotique gratitude le peuple, le clergé et l'armée autour de la croix et du drapeau.

LE CHŒUR DE L'ÉGLISE DE BARCY APRÈS LE BOMBARDEMENT

Meaux et ses environs

Les pèlerinages aux tombeaux des soldats morts pour la patrie commencent dès le jour de la Toussaint. Partout, en effet, après les offices, la foule s'est rendue sur les tombes éparses, hâtivement creusées, que l'on trouve à chaque pas dans les champs et les fossés bordant la route.

Cette multitude de deuils qu'occasionnèrent trois jours de bataille meurtrit le cœur de celui qui visite des villages éprouvés comme le furent Chauconin, Neufmontiers, Chambry, Varreddes, Germigny-l'Evêque, Trilport, Fu-

LE CLOCHER DE BARCY APRÈS LE BOMBARDEMENT

laines, Brinches, Barcy, Etrépilly, St-Soupplets, Trocy, Marcilly, Forfry, Le Plessis-Placy, etc.

A Barcy, le prêtre a officié à côté de l'église, en partie démolie par l'artillerie allemande, puis les fidèles sont allés s'agenouiller près des tranchées où les héroïques défenseurs de Barcy furent inhumés, et dans le petit cimetière communal où l'acteur Reynal, de la Comédie-Française, repose derrière le commandant d'Urbal et le lieutenant Moulin, du 1er zouaves.

A Chambry, les territoriaux d'un régiment cantonné dans le village ont déposé des couronnes de feuillage sur les tombes de leurs jeunes compagnons d'armes tués dans le cimetière, où, pendant plusieurs heures, ils avaient fait le coup de feu derrière les murs crénelés de la petite nécropole, qui garde encore les traces émouvantes de ce tragique épisode.

L'immense plaine qui s'étend de Barcy à Etrépilly s'anime comme par enchantement et revêt un aspect féerique. Le commandant Gruet, du 66e régiment d'infanterie territoriale, a eu la délicate pensée de faire planter le drapeau tricolore à côté de la croix, sur les centaines de tombes qui se succèdent à perte de vue. Cette vision inoubliable évoque le souvenir du magnifique tableau de Detaille : *Le Rêve*... Ils sont couchés là, les petits soldats de France ; ils dorment le grand sommeil qui précède la résurrection finale. Mais sur leur tombe flotte le drapeau de la victoire, et dans le vent qui fait frémir ses plis passe le souffle de la gloire...

Monseigneur Marbeau tint à parcourir le champ où reposent tant de braves dont le souvenir restera cher à tous les habitants de la Brie et dont les exemples seront l'éternel honneur et la leçon de la France.

Au cimetière de Meaux, ravagé par les obus allemands qui ne respectent pas même le sommeil des morts, Sa Grandeur voulut présider elle-même la procession solennelle du clergé et des fidèles au champ de l'éternel repos.

Une touchante tradition meldoise veut que les familles chrétiennes de la ville se tiennent près de la tombe de leurs proches au passage du prêtre qui bénit les tombeaux et prie pour les disparus.

La tombe des soldats inhumés au cimetière de Meaux avait été, par les soins de la Municipalité, richement décorée et pavoisée. Mgr Marbeau demanda aux nombreux fidèles qui l'entouraient de prier avec lui pour ces chers soldats que leur famille n'entoure pas en ce jour, mais que les Meldois reconnaissants doivent adopter comme leurs propres enfants.

A VILLEROY

Villeroy, point de départ de la bataille de la Marne, où plus de 200 soldats tombèrent glorieusement en entraînant nos étendards à la victoire, devait être l'objet d'une particulière sollicitude.

C'est ce qu'avaient compris les chefs militaires qui occupent actuellement le camp avancé de Paris : et Monseigneur Marbeau avait hautement approuvé le projet qui lui avait été soumis d'organiser en ces lieux, le jour des Morts, une manifestation plus solennelle.

Quel émouvant tableau ! L'immense plateau couronné par les clochers de Charny, Villeroy, Neufmontiers, Montgé, Penchard, Monthyon, Iverny, Saint-Soupplets, Barcy, noms désormais synonymes d'héroïsme et de gloire ; cette magnifique lumière d'automne enveloppant de sa paix et de sa sérénité mélancolique le champ de bataille où s'exalta le sacrifice le plus sublime ; ces champs labourés par les balles et les obus ; ces bosquets dépouillés qu'il fallut prendre d'assaut un à un : voilà bien le cadre qui convient aux tombes de nos glorieux soldats !

La foule qui se presse au terme de ce pieux pèlerinage s'écarte d'instinct et se tait devant les troupes qui viennent, officiers en tête, rendre les honneurs et apporter des croix et des couronnes aux camarades tombés en leur montrant le chemin de l'honneur et de la victoire.

Comme leurs camarades de la 7ᵉ compagnie du 66ᵉ, cantonnés au Plessis-l'Evêque, les territoriaux du 68ᵉ régiment avaient eu la touchante pensée d'ouvrir entre eux une souscription qui permit à leur commandant (1) de faire venir de Paris huit belles couronnes de fleurs artificielles, dont l'une avait 1 m 80 de hauteur.

Chacune de ces couronnes était ornée d'un large ruban tricolore sur lequel, en lettres d'or, se détachait cette inscription ;

Le 68ᵉ Régiment territorial

de Poitiers

— SOUVENIR —

2 novembre 1914

Au détachement du 68ᵉ territorial s'étaient joints des délégations du 66ᵉ territorial, un peloton de réservistes du 7ᵉ hussards et un fort groupe d'artilleurs à pied.

En foule, les habitants des villages environnants étaient accourus pour assister à cette cérémonie, à laquelle présida Mgr Marbeau.

Lorsque Sa Grandeur arrive, entourée des curés de toutes les paroisses voisines, les troupes sont déjà formées en carré.

Au milieu d'un silence émouvant, le Commandant du 68ᵉ prononce d'une voix vibrante l'allocution suivante :

« Monseigneur,

« Les territoriaux des subdivisions de Poitiers saluent respectueusement l'Evêque de Meaux et le remercient profondément d'avoir bien voulu honorer de sa présence leur réunion commémorative, et bénir les tombes de leurs camarades morts pour la Patrie.

« Ils le font avec d'autant plus de cœur qu'ils connaissent l'admirable exemple de courage civique que vous avez donné.

« Grâce à vous, Monseigneur, nous avons mieux compris une époque terrible de notre histoire où la France était menacée de disparaître devant l'incendie et les massacres des Barbares envahisseurs.

---

(1) M. le Commandant Deliquet.

« Vous nous avez rappelé l'époque où les Evêques revêtus des ornements sacerdotaux, crosse en main, mitre en tête, et précédés de la croix, se présentaient courageusement devant les Attila de ce temps, leur imposaient des conditions qui sauvaient les villes, les monuments, les populations et aussi les restes de cette belle civilisation gallo-romaine qui s'épanouissait alors et dont nous nous honorons d'être les fils.

« Mesdames, Messieurs, Soldats de France,
Territoriaux Poitevins,

« En ce jour mélancolique, fixé si judicieusement par la tradition chrétienne, au moment où tombent les dernières feuilles, quand la nature elle-même semble prendre le deuil, à cette heure même, dans notre cher et doux Poitou, nos parents, nos femmes et nos enfants s'acheminent tristement vers le champ où reposent nos chers défunts. Au moment de s'agenouiller sur la pierre qui recouvre les restes de l'être aimé, ils prennent bien soin de laisser une place vide, celle du chef de famille, parti là-bas, bien loin, pour défendre ce sol si précieux qui contient tout ce que nous aimons et tout ce que nous avons aimé.

« Mais ces absents qui se sont levés si bravement, qui ont tout quitté pour courir à la frontière, ont aussi leurs chers défunts ; ce sont ceux qui les ont précédés dans la voie du sacrifice. Ils reposent là, près de nous, dans ce vaste champ de carnage.

« Messieurs, il faut remonter aux siècles les plus reculés, au temps de la barbarie pour trouver des exemples de la guerre atroce que nous font les Allemands.

« Leur but, ils ne le cachent pas, ils s'en vantent même.

« Ce qu'ils veulent, c'est l'extermination complète de la France, la mise en esclavage de ceux qui auront pu échapper à leur massacre méthodique et le remplacement de notre race par la leur.

« Et par là s'expliquent tous leurs crimes : pillages, incendies, vols, meurtres et assassinats.

« Qui donc, devant un pareil ennemi, pourrait hésiter à verser tout son sang pour le repousser ?

« Notre cause est sacrée, c'est la guerre sainte que nous faisons.

« Territoriaux du Poitou, si l'occasion ne vous a pas été encore donnée de faire usage des armes que la Patrie vous a confiées, ne désespérez pas, car l'heure sonnera aussi pour vous. La France aura besoin de tous ses enfants.

« Souvenez-vous qu'au moment le plus critique, vous faisiez partie de la 6e Armée et que vous avez grandement servi les desseins du Généralissime.

« Par votre fière contenance sur les hauteurs qui dominent le canal de l'Ourcq et la Marne, vous avez été la digue infranchissable qui a détourné de Paris le flot immense et toujours montant des hordes ennemies et l'a fait refluer vers le point marqué par nos chefs.

« Vous vous rappellerez cette nuit angoissante où toute une division de réserve de la 6e Armée traversa vos cantonnements en auto-taxis pour gagner plus rapidement son poste et porter au flanc de l'ennemi la blessure mortelle.

« Les physionomies de nos camarades que vous avez pu entrevoir à la lumière des falots étaient graves, sérieuses, et froidement résolues.

« Le lendemain, du haut de vos positions, vous avez pu les voir dans le fracas de la bataille, gagner pied à pied le terrain qui devait les amener sur la ligne de retraite de l'ennemi et l'obliger enfin à reculer.

« Trois cents de ces vaillants reposent sous ce tertre, ils sont tombés au champ d'honneur et leur sacrifice aux jours mémorables de la bataille de la Marne a sauvé la France.

« Sur la tombe de ces martyrs de la Patrie, le 68e Territorial dépose pieusement la couronne du souvenir qui supportera le sublime symbole du sacrifice et de la suprême espérance. Soutenue par des enfants aussi valeureux, la France, notre mère commune, ne peut mourir.

« Jetons ensemble, d'un même cœur et d'une seule voix, ce cri d'amour et d'espérance : Vive la France !

« Et maintenant, tambours et clairons, sonnez au Drapeau de la France ; que cette sonnerie réjouisse les cendres de ceux qui sont morts pour elle. »

Plus d'un cœur vibrait encore et bien des yeux étaient humides, lorsque le colonel commandant le 66e territorial, vétéran de la guerre de 1870, vint apporter aux victimes de 1914 le tribut d'admiration et de louange de leurs aînés.

Puis le capitaine Beulay, du 66e, fit entendre le discours suivant, dont le trait final porta à son comble l'émotion de tous :

« Je n'ai pas la prétention (que rien, de ma part, ne justifierait), de faire l'historique des journées des 5 et 6 septembre 1914 dans ces contrées.

L'histoire exige en effet une documentation et un recul qui me manquent.

Mais laissez-moi vous donner les quelques renseignements que j'ai pu recueillir de la bouche de M. le Maire de Villeroy, de M. le Curé d'Iverny et de M. Tellier, maire du Plessis-l'Evêque, lequel, fidèle à son poste, a vécu ces inoubliables journées, en pleine fournaise.

Transportons-nous donc à deux mois en arrière.

Nous sommes au 5 septembre.

L'armée française qui, depuis plusieurs semaines, reculait, reculait toujours, pour parer, autant qu'il était possible, à l'agression brutale et longuement préméditée des Prussiens et donner le temps à nos puissants alliés de se mobiliser, l'armée française, dis-je, a reçu enfin l'ordre de faire tête à l'ennemi et de le pousser vers cette boucle de la Marne où il perdra de sa jactance, et où lui-même commencera cette retraite qui plus jamais ne s'arrêtera.

Il fait un temps radieux.

Les régiments composant la 55e division de réserve, tout joyeux à la pensée d'entrer bientôt en ligne, reviennent de Moussy-le-Neuf, du Mesnil-Amelot et atteignent ou dépassent Plessis-l'Evêque, Iverny, Villeroy, en face de Monthyon.

C'est la vaillante brigade marocaine, ce sont les 231e, 246e et 276e d'infanterie qui tiennent la tête, et, chose curieuse, les soldats du 276e, presque tous de ces parages, vont, à proprement parler, défendre le coin de terre où dorment leurs ancêtres et se battre aux endroits où, tout jeunes, ils ont joué.

Devant Villeroy, au point précis où nous sommes, ce sont ceux du 276e qui, s'égaillant dans les champs, allument les feux pour préparer la soupe.

Mais leurs cuisines rustiques étaient à peine installées, que, des forêts qui servent de cadre au château et au bourg de Monthyon, partaient des salves d'obus, qui tuaient et blessaient plusieurs de ces braves et forçaient leurs camarades à se retirer, un peu précipitamment, derrière le clocher de Villeroy.

Au moment où ils s'y attendaient le moins, — c'est toujours comme cela à la guerre, — nos réservistes avaient donc reçu le baptême du feu, et ce baptême leur avait communiqué soudain cet héroïsme qui est l'apanage de la race, qui sommeille parfois tout au fond de nous-mêmes, mais qui se réveille toujours, Dieu merci ! au bon moment.

Aussitôt après avoir terminé leur repas interrompu, nos petits pioupious engagent la bataille, et je lis sur le carnet de route trouvé dans la poche d'un de ceux qui devaient succomber le lendemain :

« Le canon tonne à une heure. La division se remet en marche et livre combat à Iverny sur un front d'environ deux kilomètres. Les 231e, 246e et 282e (il oublie le 276e) sont engagés. Le 289e, en réserve, ne donne pas. Le combat est violent et dure jusqu'à la nuit. Le résultat est bon pour nous. Monthyon est à nous. Les Allemands en sont repoussés. Nous bivouaquons sur nos positions. »

Mais on n'obtient pas d'arrêter ainsi d'aussi fortes colonnes, au milieu de leur marche victorieuse, sans de gros sacrifices.

La plaine que nous foulons était couverte de morts et de blessés.

Tenez, approchez-vous du point même où se dresse ce tertre et aux dernières clartés du soleil couchant, regardez ce petit soldat qui, atrocement atteint, sentant son âme près de s'en aller avec son sang, à travers les lèvres de ses blessures, a posé sa tête sur son sac et attend patiemment la mort.

Mais que cherche-t-il dans la poche de sa capote ? Il en tire une vieille enveloppe, un bout de crayon. Un instant, dans un suprême effort, il se redresse et il griffonne quelques lignes. Puis à nouveau et pour la dernière fois il s'allonge, il regarde bien en face le ciel du bon Dieu et il meurt.

Oh ! comme vous voudriez les lire ces quelques mots, comme vous voudriez connaître, n'est-ce pas, le dernier vœu de ce cher petit soldat !

Peut-être n'a-t-il écrit que pour se plaindre de ce trépas prématuré, ou pour envoyer son dernier baiser à ses parents ou à une épouse aimée ?

Eh ! bien non, ce mourant ne songe point à se plaindre, sa pensée vole plus haut que ses parents. Heureux de mourir pour son pays, heureux surtout de tomber en vainqueur, après avoir vengé l'insulte faite à notre drapeau par l'odieux Bismarck, sans même se douter de la beauté de son geste, il écrivait à notre adresse, sur ce bout de papier que mon fourrier a découvert hier, et que voici :

« SOUVENEZ-VOUS DES VENGEURS DE 1870,
ET VIVE LA FRANCE ! »

Quel testament sublime !

Quel exemple nous donne ce pauvre petit réserviste, ce fils du peuple, ce soldat de quelques jours !

N'est-ce pas beau comme l'antique !

Oh ! oui, cher camarade, ton testament sera exécuté.
La leçon que tu nous donnes sera comprise.

Oui, nous nous souviendrons de toi et de tes camarades
dans nos prières.

D'ores et déjà nous demandons au Dieu miséricordieux
de vous recevoir là-haut sans trop faire attention aux
imperfections propres à notre nature, dans les vaillantes
cohortes où se trouvent groupés tous ceux qui ont versé
leur sang pour la France et qui l'ont faite si belle, que,

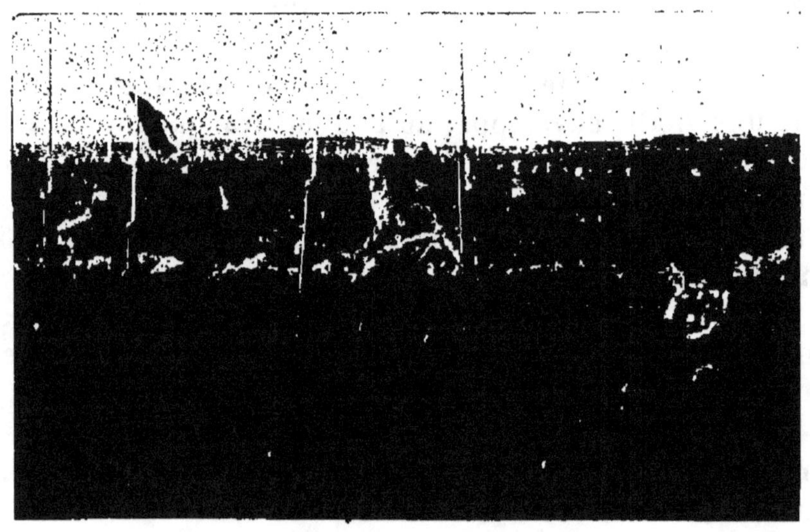

S. G. Mgr Marbeau, Evêque de Meaux
a la cérémonie de

dès qu'on l'approche, elle ne peut rester indifférente, et
qu'il faut qu'on l'aime ou qu'on la haïsse éperdûment, ce
qui est encore une forme de l'amour.

Oui, nous nous souviendrons qu'un des premiers tu as
vengé notre honneur cruellement outragé par des bandits,
effacé notre deuil, commencé à guérir la plaie que depuis
quarante-trois ans nous portons au cœur.

Nous nous souviendrons toujours avec enthousiasme
de ta phrase prophétique qui nous promet la victoire
définitive et prochaine.

Et lorsque nos chefs, si éminents, nous jetteront à notre

tour dans la bataille, libres, comme toi, de tous autres soucis, nous ne songerons qu'à la gloire de la France, qui vaut bien en somme, de notre part, le suprême sacrifice ! »

Tous ceux qui entendirent ces grandes paroles eurent alors l'impression de revivre une minute sublime, celle où une âme héroïque résume en un geste magnifique et simple la puissance des plus nobles sentiments.

S. G. Mgr Marbeau prend alors la parole et s'exprime en ces termes :

Colonels, Commandants, Capitaines,
Officiers et Soldats, mes Amis, mes Frères,

En vous félicitant de votre empressement à cette solennité religieuse et patriotique consacrée à la mémoire des héros dont les restes glorieux reposent sous nos yeux et tout près de nos cœurs, nous tenons à recueillir avec vous les grandes leçons que donnent leurs exemples.

Nous leur apportons le juste témoignage de notre reconnaissance par ces fleurs qui couvrent leurs tombes, par les larmes que nous versons sur leurs dépouilles, par les prières que nous adressons à Dieu pour que ces martyrs du devoir reçoivent au plus tôt, dans son Paradis, s'ils ne l'ont déjà reçue de sa miséricorde, la récompense de leur courage et de leurs sacrifices.

N'est-il pas juste que nous accomplissions vis-à-vis de tous le vœu du poète :

Ceux qui pieusement sont morts pour la Patrie,
Ont droit qu'à leur cercueil la foule vienne et prie.

Quant à nous qui restons ici-bas, profitant des bienfaits de leur dévouement, nous devons marcher sur leurs traces pour arriver au même but et les retrouver au rendez-vous éternel.

En attendant, ayons pour l'accomplissement du devoir : devoir de citoyen, devoir de famille, devoir de chrétien, devoir d'état, quelles que soient notre condition et la profession à laquelle nous nous sommes consacrés, le même courage, la même constance dont ils ont fait preuve sur ce champ de bataille où se dressent aujourd'hui leurs tombeaux glorieux. Sachons en particulier élever digne-ment les jeunes générations qui leur doivent la libre possession du sol de la Patrie.

Car ce lieu nous restera cher ; nous y reviendrons pour l'honorer, y prier, y pleurer et surtout y retremper nos courages, comme à la source qui doit féconder les vertus militaires et civiques dont la France aura toujours besoin. Ces grands souvenirs les feront germer comme une se-mence qui portera des fleurs qui ne se flétriront pas, des fruits qui se multiplieront avec la grâce de Dieu. pour le bien et la délivrance, le triomphe et le bonheur de notre chère France.

Aussi, ce champ du combat, et sous nos yeux ce champ des Morts, autour duquel se rangent tous ces chers sol-dats avec leurs vaillants chefs et cette foule accourue de toutes parts, pour apporter les témoignages de sa recon-naissance, ce champ, dis-je, aujourd'hui, à cette heure, semble s'élargir pour nous faire contempler ici la France tout entière, car c'est sur ce coin de terre que sont tombés les braves qui ont fait de leurs poitrines et de leurs cœurs, avec le secours de la Providence, un rempart infranchis-sable à l'envahisseur à qui ils ont dit : « Tu n'iras pas plus loin ».

C'est ici même, où sont tombés les forts et les intrépides, que l'ennemi s'est arrêté... Et à partir de ce point du sol de la France, l'ennemi a reculé pour ne plus revenir, dans une retraite mémorable qui fut le point de départ des victoires successives de la Marne, de l'Aisne, de la Somme, de l'Yser, pour s'achever, Dieu aidant, par un triomphe définitif qui nous donnera, avec la sécurité d'une paix victorieuse dans la dignité et l'honneur, la joie des foyers et de la Patrie reconquise.

C'est pourquoi nous sommes ici tous ensemble, repré-sentant la Religion, la Famille, la Patrie, cette trinité si chère, dont les éléments assurent par leur union le bonheur des sociétés et des peuples.

Je vois en effet les trois grandes autorités qui font la force des Nations : l'Armée, avec la valeur de ses chefs et la vaillance de ses soldats, défenseurs de la France, — la Religion, avec ses représentants qui sont là comme le symbole du Sacerdoce et de l'Episcopat de la France tout entière, — la Famille, avec tous ses membres : les pères qui sont nombreux sans doute sous les drapeaux, mais qui sont ici représentés par les anciennes générations, et notamment par celle de 1870, dont le passé a été vengé, comme le disait tout à l'heure le Colonel-Vétéran, et par les enfants, ces générations de l'avenir, qui nous apparaissent comme de jeunes recrues déjà pleines d'espérance.

La Famille est encore ici représentée par les mères patientes et courageuses au foyer qu'elles gardent fidèlement tous les jours, et par tous ces enfants et toute cette jeunesse ardente à entretenir la flamme du patriotisme.

Ce spectacle est bien une grande leçon d'union, de cette union des efforts, des vertus, des esprits, des cœurs et des âmes, des vies enfin qui font la force des Nations et des Peuples. Et cette union fait jaillir de nos cœurs le cri de Vive la France !

Qu'elle se fortifie donc tous les jours cette union, qu'elle se soude et que rien ni personne ne tente ou ne risque jamais de la compromettre ou de la rompre. Ce serait une impiété envers la France, qui ne veut exclure ni repousser, ni même éloigner aucun de ses enfants, dont elle a tant besoin. « Oh ! n'exilons personne, oh ! l'exil est impie ! » Restons toujours unis : peuple, prêtres, soldats, pour le bonheur du Pays. Ne séparons jamais dans notre culte le double amour sorti du même foyer : Dieu et Patrie. Il est symbolisé, ce double amour, et j'aime à le reconnaître, par cette croix et ce drapeau qui couvrent à la fois ces cercueils et protègent ces tombes. C'est pour ce double culte, qu'avec un patriotisme soutenu par la Foi, Chrétiens et Français, ils sont morts au service de la France pour laquelle nous devons vivre... et, s'il le faut, mourir. — Vive l'armée ! Vive la France !

C'est pour cette France, appelée par nos aïeux le plus

beau royaume après celui du Ciel, que nous devons être prêts à combattre et à triompher. C'est surtout vrai pour nous, enfants de cette France, Fille aînée de l'Eglise, dont Dieu a daigné se servir si souvent pour agir lui-même ici-bas. « *Gesta Dei per Francos* ». — Vive la France ! Oui, vive cette France tant aimée de ceux qui aiment le Seigneur, et pour laquelle les Vicaires de Jésus-Christ, qui ne veulent bénir que la paix, se montrent toujours si paternels. C'est cette France dont ils se plaisent à baiser le drapeau, qu'ils chérissent d'un amour privilégié, comme le Christ aime les Francs. Vive la France !

Aussi, après avoir acquitté le tribut de nos prières envers ces chers victorieux, (oui victorieux puisqu'ils ont défendu victorieusement ce sol que l'ennemi n'a pas osé franchir), Nous aimons à remercier ici le digne représentant de l'autorité locale, dont le cœur généreux donne à ces braves le champ témoin de leur victoire pour qu'il reste à jamais le champ de leur repos, où nous pourrons, comme en ce jour de religieux et patriotique pèlerinage, nous réunir souvent pour les honorer et prier.

Que les jeunes générations qui se lèvent et qui grandissent viennent chercher ici la leçon du courage et du sacrifice, que la Sainte Eglise nous repète surtout en ces jours du triomphe de la Toussaint et de sa compatissante pitié pour les Morts. Quelle vaillance et quelle force dans ses enseignements ! Oui, nous dit-elle, la vie de l'homme sur la terre est un combat perpétuel : « *Militia est vita hominis super terram* ». Il faut être toujours prêt à combattre le bon combat. Entendons l'Apôtre : « *Certa sicut bonus miles Christi* ». Et puissions-nous dire tous comme ces héros à notre dernière heure : « *Bonum certamen certavi* ». C'est la condition de l'homme ici-bas, comme l'union est le devoir de tous les enfants d'une même famille et de la Mère-Patrie contre tous les ennemis, en même temps que la condition du triomphe.

La France nous apparaît, comme l'Eglise cette mère des âmes : *militante*, pour nous inciter au courage, et elle nous dit :

> ... La vie est un combat,
> « Quand la lutte finit, la lutte recommence,
> « Et l'unique repos qui convienne au vainqueur,
>
> .   .   .   .
>
> « C'est de combattre encore quand il a combattu.

Vive l'armée !

La France nous apparaît *souffrante* avec nos bien-aimés blessés. Vivent nos blessés !

Elle nous apparaît surtout et déjà *triomphante* avec nos chers et immortels victorieux d'hier, d'aujourd'hui et de demain.

Vive Dieu ! Vive la France !

Monseigneur bénit alors la tombe que des mains pieuses ont parée comme un reposoir glorieux et que surmonte la croix enveloppée dans les plis du drapeau national. Touchant symbole qui exprime bien l'union des sentiments qui font aujourd'hui battre tous les cœurs : Dieu et Patrie.

Il invite tous les assistants à réciter avec lui une prière à l'intention des soldats à qui la France doit un si lourd tribut de reconnaissance, et les mots sublimes du Notre Père montent du fond de tous les cœurs dans un même élan de piété et de gratitude.

Après cette première station, le pèlerinage se poursuit sur les tombes des paroisses de Neufmontiers, Villeroy, Charny... D'un bout à l'autre de l'immense plateau, et surtout en suivant les progrès de la ligne de feu, à Penchard, Monthyon, Barcy, Chambry, Varreddes, Etrépilly, la plaine entière est couverte, vision inoubliable, de ces petits monticules sur lesquels flotte le drapeau tricolore.

Un jour peut-être, sur la tombe de ces héros, s'élèvera un modeste mausolée qui marquera pour les générations futures le point où s'arrêta l'invasion et d'où s'élança la victoire. Puissent les petits enfants qui s'arrêteront devant lui comprendre la leçon de ces tombes et ressusciter dans leurs âmes les sentiments des premiers pèlerins de 1914.

Voici les sentiments que cette magnifique cérémonie inspirait à un des assistants, et que nous retrouvons décrits dans un compte rendu de la *Croix de Seine-et-Marne* (8 novembre 1914) :

Je viens de vivre une heure singulièrement émotionnante et douce, une heure de réconciliation nationale, une de ces heures bénies où toutes les âmes consentent à communier largement dans le même idéal religieux et patriotique.

Le 2 novembre, quelques milliers de Français ont fait un pieux pélerinage aux tombes des chers soldats qui dorment dans nos plaines de la Brie. Le clergé, l'armée, les municipalités, unis dans une commune pensée, entourés d'un peuple immense, sont venus porter aux glorieux disparus des prières, des larmes, des fleurs et des hommages. C'est la première fête des morts sur notre champ de bataille de la Marne. Dieu l'a manifestement bénie.

Tout proche de Villeroy, sur la paroisse de Neufmontiers, une longue tranchée en plein champ, renferme la dépouille mortelle de trois cents soldats français, des réservistes pour la plupart. Vaste ossuaire merveilleusement orné, fleuri jusqu'à la prodigalité d'un monceau de bouquets tricolores, surmonté de croix et de drapeaux.

Ah ! comme on devine la légitime fierté de nos campagnes meurtries de posséder ces tombes ! Tout au long de la route, les femmes, les mères, les sœurs et les petits enfants de chez nous, s'en allaient au pieux rendez-vous, avec des gerbes de fleurs plein les bras. Nos chères tombes, nous les soignerons de notre mieux, afin que les mères, les sœurs, les épouses de ceux qui dorment ici, dans leurs uniformes sanglants, soient un peu réconfortées en trouvant, au jour de leur douloureux pélerinage, ce témoignage de notre piété.

Deux heures. Autour de l'ossuaire, les troupes forment un vaste carré. Fantassins, troupes du génie, dragons et hussards, rangés par pelotons, précédés de leurs officiers, attendent, les yeux fixés sur la tombe de leurs camarades.

Soudain, un bref commandement : les sabres font un éclair au soleil, les fantassins présentent les armes : Monseigneur l'Evêque de Meaux fait son entrée, entouré d'un nombreux clergé.

Les tambours battent, les clairons sonnent. Un officier supérieur s'avance vers l'Evêque, le salue militairement, et le remercie au nom des troupes présentes, de sa visite en ce lieu. En un langage élevé, s'adressant aux soldats et à la foule, il prononce des paroles émues qui font trembler sa voix, qui mettent des larmes dans tous les yeux. Et c'est dans un indicible élan d'enthousiasme que tous reprennent son dernier cri : Vive la France !

Un capitaine s'avance, monte sur le tertre fleuri. Il raconte la bataille où tombèrent ces braves, qui, les premiers, aperçurent en mourant l'agresseur en déroute. Les Allemands n'allèrent pas au delà : mais les chères victimes qui reposent ici ont payé de leur sang l'honneur d'arrêter définitivement la horde abhorrée.

Et voici que la voix du capitaine se fait mélancolique ; elle raconte qu'au soir de la bataille, sur un des petits soldats, on trouva une enveloppe percée de balles, avec de glorieuses salissures de sang, sur laquelle une main mourante avait écrit : « Souvenez-vous des vengeurs de 1870. Vive la France ! »

Cette enveloppe, elle tremble au bout des doigts du capitaine ; ce chiffon de papier, testament suprême d'un agonisant, met des sanglots dans toutes les gorges, des larmes dans les yeux ; et je n'en sais pas un, prêtre, soldat ou témoin dans la foule, qui ne sente des pleurs couler au long de ses joues, lorsqu'on voit l'Evêque, au milieu d'un silence, s'avancer vers l'officier, prendre en ses mains la précieuse relique, et simplement, la porter à ses lèvres.

A son tour Monseigneur prend la parole. Et c'est émotionnant d'entendre et de voir cet Evêque. Les soldats au port d'armes, les cavaliers sabre au clair, écoutent religieusement la proclamation de cet homme d'Eglise.

Il leur parle de la terre de France, si féconde en

héroïsmes ; de la forte armée de France, si coutumière de vaillance ; des chères familles de France, si admirables dans leurs épreuves ; de la divine religion de France, qui sait si bien unir le culte de Dieu au culte de la Patrie. Et, après chaque strophe de cet hymne éloquent la foule et les soldats et les officiers répètent :

Vive la France !

Vive l'armée française !

Vive le peuple de France !

Vive Dieu et vive la France !

Les tambours battent, les clairons sonnent. Précédés de leurs officiers, les pelotons et les compagnies défilent devant les tombes... La foule lentement s'écoule.

Une heure plus tard, à Charny, c'est la même cérémonie. Ici, le même capitaine lit un touchant sonnet dédié aux Tombes de nos soldats. Monseigneur prononce un nouveau discours qu'il termine par une prière. Et ce n'est pas un spectacle banal, que celui de cet Evêque, commençant les paroles du « Pater noster » que poursuivent religieu-tous les assistants.

Au retour, dans le flamboiement du soleil couchant — car le Bon Dieu n'avait pas voulu pour cette fête de la traditionnelle mélancolie de novembre : il avait envoyé son soleil pour faire à nos morts une apothéose — au retour, j'entendis un paysan, sur le pas de sa porte, dire à son voisin endimanché · — « Tiens je croyais que tu n'avais pas le temps de te promener ». Et l'autre de se redresser fièrement : — « Eux, ils ont bien pris le temps de mourir ».

Et j'ai trouvé que cette parole était belle. Oui, fêtons-les, soignons leurs tombes, prions surtout pour leur âme ! Nous pouvons bien prendre le temps de prier un peu pour ceux qui ont bien trouvé le temps de mourir pour nous.

Pierre Lacroix.

SONNET LU SUR LA TOMBE DES SOLDATS A CHARNY

Aux Soldats morts pour la Patrie

Gloire au brave qui meurt pour sauver sa Patrie,
Te conserver intact haut renom des aïeux,
Et s'opposer à vous, flots de la barbarie !
Un tel trépas lui vaut la palme dans les cieux.

Il vous égale tous : vieille Chevalerie,
Marquis du Roy-Soleil, Va-nu-pieds merveilleux.
Qui sûtes museler tous les Rois en furie,
Comme nous le ferons, ô Kaiser orgueilleux !

Le tertre qui le couvre est un pèlerinage,
Tel que Châlons, Rocroi, puis Valmy. D'âge en âge
L'on est fier de montrer de pareils reposoirs,

Où l'âme du pays brille toujours plus belle,
D'où l'espoir nous sourit au plus sombre des soirs,
Où nos fils recevront la sublime étincelle !...

Capitaine BEULAY.

CÉRÉMONIE COMMÉMORATIVE

ORGANISÉE A SAINT-MARD

Par le 67ᵉ Régiment Territorial d'Infanterie

Lors de l'évacuation sur la gare des blessés recueillis sur les champs de bataille de Montgé, Cuisy et Saint-Soupplets, quelques-uns de nos pauvres soldats rendirent le dernier soupir avant d'avoir pu être transportés dans les ambulances établies en dehors des lignes de feu. Ces militaires, qui sont-ils ? quel est leur pays ? Nul ne le sait ; on sait seulement que dans leur pays natal, ville opulente, simple bourgade ou humble village, quand leur disparition aura été constatée, leurs noms seront inscrits en lettres d'or sur la maison commune, pour rappeler qu'ils firent partie de cette phalange héroïque qui repoussa l'envahisseur et sauva Paris des hordes incendiaires qui la menaçaient. Ils reposent provisoirement au flanc d'un talus en bordure de la ligne du chemin de fer.

Sur l'initiative des chefs du 67ᵉ territorial d'infanterie, une manifestation militaire et patriotique avait été organisée en leur honneur.

La cérémonie fut présidée par M. le Colonel Baguerey, commandant le 67ᵉ territorial, entouré de MM. les Chefs de bataillon de Terves et Serres et de ses officiers ; toutes les troupes présentes aux cantonnements de Dammartin et Saint-Mard étaient là, en armes, ainsi que de nombreux habitants de ces communes. On remarquait notamment M. le Maire de Saint-Mard, avec son conseil municipal, et M. le Curé de la paroisse.

A 2 heures précises, le clairon annonçait l'arrivée du Colonel et le commencement de la cérémonie ; aussitôt la parole est donnée au soldat Pierre de Lacoste Lareymondie, avocat à Niort, ancien bâtonnier de son ordre, écouté religieusement et finalement applaudi par toute l'assistance. Voici son magnifique éloge funèbre :

« Mon colonel, Mesdames, Messieurs,
« Mes chers camarades,

« Il y a quelques années, un Alsacien de cœur eut l'idée pieuse de visiter les champs de bataille de 1870-1871.

« Au cours de ce pèlerinage qui était un peu une chevauchée du Dante, il vit des tombes abandonnées, des noms voués à l'oubli, des ruines glorieuses envahies par des lierres ; son âme s'émut, et il pensa que la France, qui est la terre des gestes nobles et des idéals purs, devait une sépulture décente à ses enfants morts pour elle, les armes à la main.

« L'Alsacien s'appelait Niessen. Il créa le « Souvenir Français », et des marches de Lorraine aux plaines de la Loire, de la terre d'Afrique aux colonies lointaines, partout où un soldat français était tombé, une tombe s'éleva, gravée d'un nom et protégée d'une croix.

« Ah ! Messieurs, combien touchante était l'œuvre, et combien belles ces cérémonies du Souvenir Français !

« En vivant l'heure présente, je suis invinciblement reporté en arrière, il y a trois ans, il y a deux ans, il y a quelques mois à peine ; je revois la petite ville militaire de Saint-Maixent, toute blanche dans le joli décor de ses collines ; j'entends les clairons du 114e de ligne (le régiment de nos frères plus jeunes) nous conduire au monument commémoratif, j'écoute encore des voix amies nous parler de Patrie, de Devoir, de Sacrifice et d'Abnégation...

« C'étaient de grandes idées remuées devant des reliques anciennes ; c'était la Paix... la Paix qui devait bercer le Monde indéfiniment...

« Et puis, un jour, nous nous sommes réveillés en guerre, au bruit du canon ; les Deux-Sèvres, en armes, sont venues prendre ici leur poste de combat ; et, soldat, j'ai le très grand honneur d'avoir à saluer des soldats morts à l'ennemi, presque devant nos yeux.

« Victimes du sort des armes, ils sont ce que nous pouvions être hier, ce que nous serons peut-être demain, quand l'heure aura sonné ; ils sont pour nous un grand exemple !...

« Après la bataille, à l'heure du sacrifice suprême, ils ont évoqué une dernière fois le souvenir des êtres chéris dans la maison familiale, et ils se sont endormis du dernier sommeil avec la conscience du devoir accompli...

« Puis, on les a fait reposer ici !..

« Que des mains pieuses aient paré leurs tombes et sauvé leur mémoire de l'oubli, il n'y a là rien qui puisse surprendre. Sous le ciel bleu de France, quand les hommes se battent aux armées, les femmes savent panser les blessés et fleurir les morts : c'est une des délicatesses de notre civilisation à nous ! Mais, nos chefs du 67e n'ont pas voulu que seules elles prissent ce soin, et, par une pensée noble et touchante, ils ont tenu à ce que, entre deux journées de travaux de défense et de préparation au combat, ce soient des soldats qui vinssent rendre à leurs frères les hommages et les honneurs qui leur sont dûs !

« Nous savons dans quelles circonstances ils sont tombés. Des hauteurs de Torcy, nous avons entendu pendant trois jours, l'orchestre de la bataille.

« Après avoir percé la digue admirable des lignes belges, l'armée allemande se ruait sur Paris ; la proie haineusement attendue et convoitée depuis si longtemps, l'ennemi croyait déjà la tenir, et aux yeux terrifiés du monde y faire passer le fer et le feu de la dévastation, quand une fois de plus, comme au temps des hordes d'Attila, comme aux pires jours de notre histoire, l'éclair de génie d'un chef, l'élan irrésistible des troupes françaises aidées de la ténacité de l'armée britannique ont arrêté le flot et rejeté l'envahisseur.

« Alors, la bête furieuse et déçue est allée se terrer dans ses tanières, en mutilant dans sa rage l'un des plus purs joyaux de France, et pendant les longs jours de la bataille de l'Aisne, le canon nous disait l'échec et le recul de l'ennemi.

« A cette heure, avec une oreille attentive, nous pourrions l'entendre encore, annonçant ses dernières convulsions, la retraite prochaine suivie de la poursuite en pays conquis, suivie de cette revanche que les cœurs d'Alsace attendent depuis quarante-quatre ans, et qui marquera la fin du cauchemar.

« Ceux qui sont tombés là et que nous saluons aujourd'hui ont été frappés en défendant Paris à une heure décisive pour les destinées de la Nation.

« La mort de ces braves fut belle, mais belle aussi est la terre qui les recouvre, et combien évocatrice !... Tout près d'ici, des hauteurs de Dammartin, les plaines de Brie et de Goële développent leurs fins paysages d'Ile-de-France ; sur l'autre versant, Paris vainqueur dresse ses flèches, vaisseau se jouant des tempêtes éternelles...

« Et après la victoire définitive, leurs restes tressailleront au roulement des trains innombrables ramenant les armées victorieuses pour les revues triomphales : troupes françaises, britanniques, belges, russes... troupes coloniales anglaises se hâtant par delà les mers, troupes noires d'Afrique et des Indes, tous les soldats accourus de tous les orients pour l'œuvre de justice qui libèrera le Monde de la tyrannie allemande, et qui pour nos fils fera une Patrie plus grande, plus belle, plus radieuse et plus unie.

« Et ce sera l'immortelle gloire de ceux qui dorment ici d'avoir payé de leur sang la réalisation d'un tel triomphe !

« Honneur à eux, Messieurs !

« Et Vive la France ! »

Après lui, M. le colonel Baguerey a prononcé cette vigoureuse allocution :

« Mes chers amis, je remercie en votre nom le camarade de Lacoste d'avoir bien voulu nous prêter le concours de son éloquente parole pour la cérémonie qui nous réunit aujourd'hui autour de ces tombes.

« La guerre épouvantable qui met en ce moment l'Europe entière à feu et à sang, nous ne l'avons pas voulue, personne en France ne la voulait.

« Seuls, l'Empereur d'Allemagne et son peuple en sont responsables.

« Ils ont envahi notre pays ; ils veulent notre or, ils veulent nos richesses, ils veulent une grande partie de notre belle France, ils veulent enfin que cette France disparaisse, comme grande nation, de la carte d'Europe.

« Vous ne permettrez pas cela ! Quand l'heure sera venue, à l'exemple de ces braves qui reposent ici, sous ces tombes, vous vous grouperez autour de notre drapeau, pour repousser loin de nos frontières cette horde de barbares qui déshonore en ce moment le monde civilisé ».

Enfin, très ému et délicatement inspiré, M. le Maire de Saint-Mard a salué les victimes de la guerre, devenues les hôtes de sa commune, et pris au nom de la commune, l'engagement, pour le cas où les corps ne seraient pas reconnus et réclamés par les familles, de leur réserver une place d'honneur au cimetière public, assurant que leur mausolée serait toujours entretenu et visité par les populations reconnaissantes.

Puis, M. le Curé bénissait les tombes ; et les chefs, Colonel en tête, défilaient respectueusement devant les restes de ces humbles victimes du devoir.

La foule s'écoula ensuite mélancolique ; chacun pensant que peut-être, dans une autre commune de France ou de Belgique, une cérémonie semblable glorifiait l'un des siens, mort au champ d'honneur, et trouvant dans cette pensée, dans cette pieuse communion de tous à un deuil et à des sacrifices communs, un réconfort dans sa propre affliction.

Croix de Seine-et-Marne. — 15 novembre.

Le Souvenir Français

Nous apprenons avec plaisir que le Souvenir Français a désigné pour son délégué dans l'arrondissement de Meaux, M. Paul Lesourd, bien connu de nos lecteurs.

On sait que l'Association du Souvenir Français (reconnue comme établissement d'utilité publique le 1ᵉʳ février 1906) a pour but :

1º D'édifier et d'entretenir, en France, dans les colonies et à l'étranger, les tombes des Militaires et Marins Français morts pour la Patrie et de veiller à la conservation des tombes sous la condition de subordonner toujours son action, en ce qui concerne les sépultures des Militaires morts en 1870-1871, à l'autorisation préalable du Gouvernement, seul chargé du soin de ces sépultures, en conséquence des conventions diplomatiques échangées entre la France et l'Allemagne et de la loi du 4 avril 1873 ;

2º De conserver la mémoire de ceux qui ont honoré leur Patrie par de belles actions.

Les nombreux et glorieux combats engagés dans notre région au cours du mois de septembre dernier rendent plus actuels et plus précieux que jamais les services du Souvenir Français. Nous ne doutons pas qu'il n'accomplisse dans notre région son œuvre patriotique à la satisfaction de tous.

Pour tous renseignements, s'adresser à M. Paul Lesourd, 22, rue Saint-Faron, à Meaux.

* * *

Note sur l'organisation du Souvenir Français.

L'Association se compose de membres associés, membres donateurs, membres bienfaiteurs et membres d'honneur.

1º Sont membres associés toutes les personnes qui ont

versé ou qui verseront pendant cinq années consécutives une cotisation annuelle minima de 3 francs. (Les mineurs ne peuvent faire partie de l'Association sans le consentement de leurs parents ou tuteurs).

2° Le titre de membre donateur est décerné à toute personne qui verse un minimum de 100 francs ; le versement de cette somme dispense de la cotisation annuelle.

3° Sont membres bienfaiteurs toutes les personnes qui versent une cotisation annuelle dont le minimum est fixé à 10 francs.

4° Sont membres d'honneur ceux auxquels le Conseil aura conféré ce titre pour services extraordinaires rendus à l'Œuvre.

Nota. — MM. les Officiers des armées de terre et de mer sont autorisés à faire partie de l'Association par décisions de M. le Ministre de la Guerre et de M. le Ministre de la Marine.

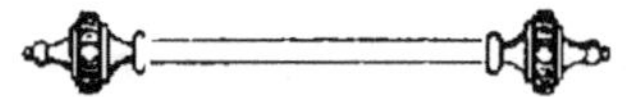

MEAUX. — LEPILLET, IMPRIMEUR-LIBRAIRE DE L'ÉVÊCHÉ.

www.ingramcontent.com/pod-product-compliance
Lightning Source LLC
Chambersburg PA
CBHW051343060726
47596CB00004B/1746